The Story of the Ten Commandments

La Historia de los Diez Mandamientos

The Story of the Ten Commandments

La Historia de los Diez Mandamientos

by Patricia A. Pingry

Illustrated by
Stacy Venturi-Pickett

ideals children's books.
Nashville, Tennessee

ISBN-13: 978-0-8249-4205-2

ISBN-10: 0-8249-4205-1

Published by Ideals Children's Books

An imprint of Ideals Publications

A Guideposts Company

535 Metroplex Drive, Suite 250

Nashville, Tennessee 37211

www.idealsbooks.com

Printed and bound in Mexico by RR Donnelley

Library of Congress CIP data on file

Designed by Marisa Calvin

3 5 7 9 10 8 6 4 2

For Nicholas

TO PARENTS AND TEACHERS:

The Story of the Ten Commandments,
La Historia de los Diez Mandamientos
is one of a series of bilingual books spe-
cially created by Ideals Children's Books to
help children, and even their parents,
learn to read both Spanish and English.

If the child's first language is English,
he or she will understand and be able to
read the text on the left-hand pages of
this book. If the child wishes to read
Spanish, he or she will be able to read the
right-hand pages of the book. Whether
the child's native language is English or
Spanish, he or she will be able to compare
the text of the two pages and, thus, learn
to read both English and Spanish.

Also included at the end of the story
are several common words listed in both
English and Spanish that the child may

review. These include both nouns, with their gender in Spanish, and verbs. In the case of the verbs, the Spanish verbs have the endings that indicate their use in the story.

Parents and teachers will want to use this little book as a starting discussion on the differences in the grammar of each language.

A LOS PADRES Y LOS MAESTROS:

The Story of the Ten Commandments,
La Historia de los Diez Mandamientos
es parte de una serie de libros bilingüe hecho especialmente por Ideals Children's Books para ayudar a los niños y a sus padres a aprender como leer en los dos idiomas, español e inglés.

Si el primer idioma del niño es inglés, él puede leer y entender lo que está escrito en la página a la izquierda. Si el niño quiere leer en español, él puede leer las páginas a la derecha. Cualquiera que sea el idioma nativo, el inglés o el español, el niño podrá comparar lo escrito en las dos páginas y entonces aprenderá como leer en inglés y en español.

Al final de la historia es incluida para repasar una lista de varias palabras comunes en el inglés y el español. La lista tiene ambos nombres, con el género y verbos en español con los fines que indican el uso en la historia.

Los padres y los maestros tendrán ganas de usar este librito para empezar a platicar de las diferencias en la gramática entre estos idiomas.

Do you follow rules at home and school? God gave us rules too. We call God's rules the Ten Commandments.

¿Sigues reglas en

tu casa

y en la

escuela?

Dios nos dio

reglas también.

Llamamos

a las reglas

de Dios los Diez

Mandamientos.

God first gave
His rules to
the Israelites,
who were
slaves in
Egypt.

Dios enseñó
primero Sus
reglas a los
Israelitas,
quienes
eran esclavos
en Egipto.

One day, God spoke to Moses through a burning bush. God told Moses to lead the Israelites to a new land and freedom.

Un día,
Dios le habló
a Moisés a
través de
un arbusto
ardiendo.
Dios le dijo
a Moisés que guiara
a los Israelitas a una
nueva tierra,
hacia la libertad.

God held back

the waters

of the sea.

The Israelites

walked out

of Egypt

to freedom.

Dios separó las
aguas del mar.
Los Israelitas
salieron
de Egipto hacia
la libertad.

God took
care of
His people.
He sent food,
called manna,
for them
to eat.

Dios cuidó
a Su pueblo.
Les envió
alimento,
llamado maná,
para que
comieran.

One day,
God called
Moses to
come to the
top of
Mount Sinai.

Un día,
Dios le pidió
a Moisés
que subiera
a la cima del
Monte Sinaí.

Moses

walked

up,

up,

up

until he was

at the top of

the mountain.

There Moses

met God.

Moisés

subió,

subió

y subió

hasta

que llegó

a la cima

de la montaña.

Ahí conoció

a Dios.

Moses could

not see God.

God was hidden

in a thick cloud.

But Moses

heard God.

Moisés no pudo ver
a Dios porque
estaba oculto tras
una nube espesa.
Pero Moisés
escuchó Su voz.

God wrote ten rules
on two stone tablets.
We call these the Ten
Commandments.

Dios escribió
diez reglas
en dos lápidas
de piedra.
A esto le
llamamos
los Diez
Mandamientos.

These are
God's rules:
1. There is only
one God.
2. Bow down to
no one but God.
3. Speak God's
name with respect.
4. Give one day
each week
to God.

Estas son

las reglas de Dios:

1. No tendrás otro

Dios más que a mí.

2. Adorarás

solamente a Dios.

3. Guardarás

el nombre de Dios

con respeto.

4. Santifica un día

para Dios cada

semana.

5. Respect your parents.

6. Do not kill.

7. Be faithful to your family.

8. Do not steal.

9. Do not lie.

10. Do not want what others have.

5. Honrarás
a tu padre y
a tu madre.

6. No matarás.

7. Sé fiel a tu
familia.

8. No robarás.

9. No dirás
mentiras.

10. No codiciarás
los bienes ajenos.

These are
God's Ten
Commandments.
These are the
rules we follow at
school and
at play.

Estos son los Diez

Mandamientos

de Dios.

Son las reglas que

seguimos en la

escuela y cuando

jugamos.

Vocabulary words used in

The Story of the Ten Commandments
La Historia de los Diez Mandamientos

English	Spanish	English	Spanish
story	la historia	burning	ardiendo
ten	diez	bush	el arbusto
commandments	los mandamientos	lead	guiara
house	la casa	toward	hacia
school	la escuela	he parted	separó
God	Dios	waters	las aguas
he gave us	nos dio	sea	el mar
rules	las reglas	Israelites	los Israelitas
we call	llamamos	they walked out	salieron
who	quienes	he took care	cuidó
slaves	los esclavos	people	el pueblo
Egypt	Egipto	he sent	envió
one	un	food	el alimento
day	el día	named	llamado
through	a través	manna	el maná
new	nueva	for	para
land	la tierra	to eat	comer
freedom	la libertad	he called	pidió

English	Spanish	English	Spanish
to climb	subir	only	solamente
top	la cima	you will keep	guardarás
he walked up	subió	with	con
until	hasta	respect	el respeto
mountain	la montaña	holy	santifica
there	ahí	each	cada
he met	conoció	week	la semana
to see	ver	you will honor	honrarás
he could not	no pudo	father	el padre
because	porque	mother	la madre
hidden	oculto	do not kill	no matarás
cloud	la nube	faithful	fiel
thick	espesa	family	la familia
but	pero	do not steal	no robarás
he heard	escuchó	do not tell	no dirás
voice	la voz	lies	las mentiras
he wrote	escribió	do not covet	no codiciarás
two	dos	others	ajenos
tablets	las lápidas	are	son
stone	la piedra	we follow	seguimos
you will have	tendrás	at	en
you will worship	adorarás	we play	jugamos